ÉTUDE

SUR LES

CONTRATS D'APPRENTISSAGE

A TROYES, AU XVIIᵉ SIÈCLE

PAR

LOUIS MORIN
TYPOGRAPHE

TROYES
IMPRIMERIE ET LITHOGRAPHIE DUFOUR-BOUQUOT
Rue Notre-Dame, 41 et 43

1894

ÉTUDE

SUR LES

CONTRATS D'APPRENTISSAGE

A TROYES, AU XVIIᵉ SIÈCLE

PAR

LOUIS MORIN

TYPOGRAPHE

TROYES

IMPRIMERIE ET LITHOGRAPHIE DUFOUR-BOUQUOT

Rue Notre-Dame, 41 et 43

1894

À la Bibliothèque Nationale,
souvenir.

Extrait de l'ANNUAIRE DE L'AUBE. — Année 1894.

ÉTUDE

SUR

LES CONTRATS D'APPRENTISSAGE

A TROYES, AU XVIIe SIÈCLE

Au cours de laborieuses recherches entreprises pour écrire l'Histoire corporative des Imprimeurs troyens, nous avons eu la bonne fortune d'être appelé à compulser une collection importante de documents inédits, embrassant une grande partie des dix-septième et dix-huitième siècles.

Parmi eux se trouvent de nombreuses pièces concernant plusieurs communautés d'arts et métiers; nous les avons soigneusement analysées et classées pour les employer à des études ultérieures sur le travail industriel dans notre ville. Mais nous en détachons aujourd'hui ce qui a trait aux conditions d'embauchage des apprentis au dix-septième siècle.

Pour combler les lacunes de notre source inspiratrice, nous avons eu recours à diverses liasses des Archives de l'Aube, qui nous ont fourni un certain nombre de brevets notariés d'apprentissage, d'un grand intérêt ; enfin, nous avons trouvé, aux mêmes Archives et à la Bibliothèque de Troyes, sur l'apprentissage des imprimeurs-libraires, des indications précieuses dont nous avons usé en attendant leur mise en œuvre dans une étude spéciale.

Que le lecteur ne s'attende pas à trouver une dissertation

savante — qui pourrait bien n'être que prétentieuse — dans cette poignée de notes à peine reliées par la trame légère de leurs rapports immédiats. C'est un document à faces multiples, rien de plus, qui pourra présenter quelque intérêt pour l'examen comparé de la situation des travailleurs manuels aux diverses époques de notre histoire.

Les *contrats d'apprentissage* résumés dans ce travail étaient passés pardevant notaires; il ne sera pas inutile de reproduire *in-extenso* l'un de ces actes; on jugera mieux ensuite des modifications apportées à ce texte modèle par les circonstances ou par la volonté des contractants.

L'an mil six cent soixante dix neuf, le vingt sixiesme jour de juin avant midy, pardevant les notaires royaulx, gardenottes et tabellions à Troyes, soubzsignez, en l'estude de Thevignon, l'un d'iceulx, furent présens en leurs personnes Nicolas Chrestien, marchand, et Louis Lange, m{{e}} serrurier, demeurant à Troyes, lesquelz recongneurent avoir loué et mis en apprantissage Nicolas Mérat, filz de défunt Nicolas Mérat, vivant m{{e}} tonnelier, et Marie Chrestien, sa femme, ledict Mérat filz aagé de dix sept ans ou environ, à honorable homme Nicolas Oudot, marchand imprimeur et libraire, demeurant audict Troyes, à ce présent, acceptant, pour le servir en l'art d'imprimerie dès maintenant jusques à quatre ans après ensuivant, pendant lequel temps seront tenus lesdicts Chrestien et Lange de bien et dument faire faire ledict service par ledict Mérat, sans s'en départir, mesme respondent de sa fidélité; moiennant ce sera tenu ledict Oudot de bien et dûment monstrer et enseigner audict Mérat ledict art d'imprimerie et les œuvres qui en deppendent, le loger, nourrir, coucher et chauffer honnestement selon ledict art [1], et seront tenus

---

[1] Dans les actes plus anciens, cette formule est remplacée par l'indication que le maître sera tenu, envers son apprenti, de « luy soigner et administrer hostel, lict, feu, vivre de bouche honnestement..... ».

lesdicts Chrestien et Lange, durant lesdicts quatre ans, d'entretenir ledict Mérat d'habits, linge, chaussures et chappeau, aussy honnestement selon sa condition, sans estre tenu de se paier aulcune chose l'un à l'autre. Promettant tenir ces présentes et y satisfaire, obligeant biens, etc., et ont signé.

* * *

L'enfant destiné à être mis en apprentissage est présenté par son père ou, à défaut, par sa mère ou par son tuteur, lesquels s'engagent à satisfaire aux conditions du contrat, qu'ils signent quand ils savent signer.

La proportion des personnes déclarant « ne savoir signer » est d'environ un tiers; dans le nombre figurent un libraire et des apprentis imprimeurs [1]. Quelques-uns se contentent de tracer une marque, généralement formée de deux initiales. Estienne Beau, maître épinglier et maître garde de sa communauté, a comme marque une épingle posée horizontalement et chargée de deux traits en forme d'X, qui était de tradition dans la famille.

Un contrat du 26 juin 1684 nous apprend que Claude Maillet, bourgeois de Troyes, « pour la bonne amitié et affection qu'il porte à Marie Michel, sa servante domestique », la met en apprentissage pour trois ans chez Marguerite Fay, couturière. Elle y sera logée, couchée, nourrie, etc. Maillet verse à cet effet la somme de 120 livres et fournit divers

---

[1] Ce n'est pas sans cause qu'une assemblée des suppôts de la communauté des imprimeurs-libraires de Troyes, tenue le 10 décembre 1659, décida « que doresnavant lesdits maistres libraires et imprimeurs ne pourront prendre aulcuns apprentis qu'ils ne savent lire et escrire, aux termes des ordonnances et règlements... ».
Ajoutons, pour être exact, que cela n'empêche pas de rencontrer, même longtemps après cette date, des compagnons imprimeurs ne sachant pas signer leur nom; c'est le sort des meilleures lois d'être méconnues et foulées aux pieds. Mais ces artisans illettrés rentraient plutôt dans la catégorie des « alloués », sorte d'ouvriers secondaires autorisés par le Code de la Librairie de 1723; ils étaient dispensés de l'apprentissage, mais ne pouvaient prétendre à devenir maîtres.

meubles et objets de couchage pour sa protégée, en se réservant de les reprendre à l'expiration du temps indiqué.

Cette clause de prêt d'objets de literie se rencontre fréquemment.

Des personnages de condition ne dédaignent pas de s'intéresser par leur testament, ou même de leur vivant, à l'avenir des jeunes générations.

Au premier rang se trouvent Ysaac Gallien, marchand boucher, et Yves Girardon, marchand imprimeur et libraire.

Le premier, membre d'une des grandes familles qui se partageaient le commerce de la boucherie troyenne, avait institué pour ses légataires universels, par son testament du 1er mars 1668, Christophle Gallien, aussi boucher, et Nicole Gallien, son neveu et sa nièce, à charge de prélever chaque année et à perpétuité, sur sa succession, une somme de 75 livres pour mettre « à mestier » un enfant de la parenté de sa descendance légitime. Si la somme demandée par le maître n'atteignait pas celle indiquée au testament, le surplus devait être employé à l'achat de linge et d'habits à l'usage de l'apprenti.

Nous avons trouvé dès 1669, et jusqu'en 1716, la mention d'enfants ainsi placés, dans diverses professions, au désir et avec l'argent provenant d'Ysaac Gallien. Le nom de ce philanthrope clairvoyant méritait d'être tiré de l'oubli.

Yves Girardon paraît s'être inspiré de l'exemple de son concitoyen. Voici l'extrait de son testament, daté du 13 avril 1686, ayant rapport à notre sujet. Il est copié sur l'original, qui offre quelques variantes avec le texte déjà publié [1].

Cachet de Yves Girardon.

---

[1] Le *Testament* d'Yves Girardon, imprimé l'année même de sa mort (16 septembre 1686), et selon sa volonté, par Jacques Lefebvre, son gendre,

« Je lègue et laisse la somme de mille quarante livres qui
« seront mis entre les mains de l'exécuteur ou exécutrice de
« mon testament, sans qu'il en paye aucun intérest, qui seront
« pour fournir et employer pour mettre treize pauvres à
« métier, sçavoir, après mon décès, au plutôt de la première
« année de mon décès, il en sera mis à métier deux fils et
« deux filles, à qui il sera donné la somme de 80 livres à
« chacun, et l'année suivante il en sera mis deux autres, un
« fils et une fille, et continué d'an en an, à qui il sera donné
« pareille somme de 80 livres, jusque à la dernière année, où il
« n'y en aura qu'un à mettre; et en cas qu'il se trouve maistre
« qui les prenne à meilleur marché de 80 livres, le restant
« servira et sera employé pour leur entretien pendant leur
« apprentissage; qui font en tout à chacun 80 livres. Les 13
« enfans montant à la ditte somme de 1040 livres, comme j'ay
« dit cy dessus. S'il se trouve quelque fille qui se veule
« marier, on leur pourra donner pareille somme de 80 livres,
« au lieu de la mettre à métier, et que tous les enfants que
« l'on prendra soye de gens honneste et craignant Dieu
« (quoy que pauvre) et de légitime mariage et non autrement;
« et que cela ne se choisisse par faveur, et je prétend que s'il
« y a quelqu'un de mes parens qui soit pauvre et en nécessité,
« il soye préféré à tous autres, ou bien les parens du côté de
« ma femme. »

Un conseiller au bailliage fit également un legs pour faire
apprendre un métier à six garçons et à six filles[1].

Nous pouvons encore citer : Révérende dame Claude de

---

a été publié de nouveau, dans notre siècle, par les soins de M. Alexandre
Assier, à un nombre assez restreint toutefois (17 exemplaires) pour faire de
cette réimpression une véritable rareté. Nous avons retrouvé l'original manuscrit de ce testament, portant l'empreinte sur cire rouge du cachet du testataire
(voir ci-dessus), ainsi que l'inventaire fait après son décès, document fort
instructif, dont nous avons publié les articles les plus intéressants dans
l'Almanach de la Champagne et de la Brie pour 1894 (Yves Girardon,
imprimeur-libraire à Troyes, d'après l'inventaire fait après son décès).

[1] A. Babeau, Les Bourgeois d'autrefois, p. 328.

Choiseul-Praslin, abbesse de l'abbaye de Notre-Dame-aux-Nonnains, qui signe plusieurs engagements de jeunes couturières et paie les frais de leur apprentissage ; Mme Du Plessis-Guénégaud, qui place de même ses servantes et leurs enfants ; Louis de Villeprouvée, écuyer, sieur de Villette, qui patronne, en 1671, un apprenti bonnetier.

Marie Huré, fille d'un maître tanneur, placée chez une couturière par Nicolas Chevillard, bachelier en théologie, chanoine en l'église de Troyes, vice-gérant en la cour de l'Officialité, voit sa pension pour trois ans (120 livres) payée partie par Claude Dare, ancien maire de Troyes, « pour accomplir « le testament de feue dame Jeanne Dare, sa fille, femme de « M. de Foissy », et partie par Nicolas de Marisy, écuyer, sieur de Cervet, comme exécuteur testamentaire de feue demoiselle Marie de Marisy, veuve de Henry Le Marguenat, lieutenant au grenier à sel de Troyes.

Des ecclésiastiques se rencontrent aussi dans ces bonnes œuvres. En 1691, David Brouillerot, fils d'un compagnon maçon, est mis en apprentissage pour trois ans chez Charles Beaussauct, chirurgien. Les 160 livres réclamées sont payées par Me Eustache d'Ocey, prêtre, chanoine et grand chambrier de Saint-Etienne, « pour la récompense qui a esté ordonnée estre donnée audict Brouillerot par Messieurs les Vénérables de ladicte église St Estienne de Troyes, pour les services qu'il leur a rendus en qualité d'enfant de chœur ». D'Ocey paie en outre 3 livres pour le droit dû à la communauté des maîtres chirurgiens de la ville.

Les communautés d'arts et métiers percevaient ainsi des droits sur les brevets d'apprentissage. Les contrats en font quelquefois mention. En 1689, il est payé 30 livres à la communauté des tailleurs pour l'apprentissage d'une jeune fille placée pour un an chez une couturière ; un apprentissage de deux ans donne lieu au même droit. Nous savons d'autre part que, par jugement rendu au bailliage de Troyes le 9 août 1644, et confirmé depuis, les imprimeurs et libraires furent astreints à faire enregistrer les brevets de leurs apprentis par les maîtres gardes de leur corporation, en payant 15 livres pour cette formalité. Les ouvriers en soie demandaient 10 livres. Chez les cordonniers et les savetiers, on versait 5 livres pour la chapelle de la Confrérie et 20 s. pour les maitres gardes. Les maçons demandaient 15 livres en 1709 ; les menuisiers, 10 livres en 1711 et 1729 ; les cuisiniers, 10 livres en 1711 ; les pâtissiers, 30 livres en 1711 et en 1724 ; les tonneliers, 8 livres en 1724 ; les bonnetiers, 15 livres en 1727 ; les serruriers, 10 livres en 1740 ; les torcheurs, 5 livres en 1750[1].

Rarement les aspirants se présentent seuls, excepté quand ils sont « majeurs d'ans ». Alors ils s'appuient parfois sur l'avis d'un parent ou d'un ami qui signe avec eux, mais sans engager sa responsabilité.

Un orphelin de dix-huit ans, P. Grassot, « n'ayant aucuns biens et estant délaissé de ses parents, pour avoir moien de gangner sa vie », reconnait « s'estre loié et mis en apprentissage à Claude Laurent, m⁰ couvreur ». Comme Grassot est dénué de tout, son maitre lui fournira ce dont il aura besoin et le jeune homme le lui rendra à la fin sur son mémoire, « dont Laurent sera cru sur son simple serment ».

D'autres jeunes gens s'engagent pour achever un apprentissage commencé ailleurs. Dans ce cas, ils sont généralement rémunérés selon leur savoir-faire.

Pierre Constant, fils d'un maître chapelier, reconnait « que pendant quatre ans qu'il a esté en apprentissage en la maison de Barthélemy Fournier, m⁰ chappellier audict Troyes, iceluy Constant fils n'a pu se rendre capable dudict estat de

---

[1] Un jugement rendu au bailliage de Troyes, le 6 août 1677, homologuant une délibération du corps des Marchands merciers, grossiers et juailliers du 17 mai précédent, ordonne « que ceux desdits marchands qui prendront aprentifs seront tenus, dans la quinzaine de la datte du brevet d'aprentissage, de le faire enregistrer au bureau desdits maistres gardes, et ne courera le temps dudit aprentissage que du jour dudit enregistrement et qu'il en aura pris certificat, pourquoy sera payé trente sols pour chacun aprentif ausdits maistres gardes, et en la boîette de la confrairie des pauvres du corps desdits Marchands, suivant les facultez desdits aprentifs, qui ne poura néantmoins estre plus de six livres.... ». (Arch. de l'Aube, E. 1116.)

chappellier, et pour y parvenir il s'est loué à Pierre Bonnevye... » pour un an et demi. Il est probable qu'alors comme de nos jours l'apprenti était plus souvent employé à des travaux secondaires qu'à ceux de la profession à laquelle il aspirait.

Le fils de Nicolas Lecoq, apothicaire à Bar-sur-Aube, après avoir fait trois ans d'études chez son père, se loue à un confrère troyen « pour se rendre capable et parvenir à la maîtrise en l'art de pharmacie ». Il paye 110 livres pour une année.

Citons enfin le cas d'un jeune tailleur que son frère, Nicolas Collet, ecclésiastique, loue pour un an à un maître qui promet, moyennant 50 livres, de le rendre capable de jouir de la maîtrise à laquelle il est reçu.

* * *

Les principales professions embrassées par les garçons sont celles de boulangers, chirurgiens, cordonniers, imprimeurs[1], menuisiers, peintres, savetiers, tailleurs d'habits, tanneurs, tisserands[2]. On trouve aussi des aloisniers, aiguilletiers, boutonniers, chandeliers, cuisiniers, droguiers, épingliers, faiseurs de patenôtres, faiseurs de peignes, ferandiniers, paveurs, pelletiers, potiers d'étain, etc., en petit nombre. Les marchands ne figurent que pour quelques unités.

Dans la seconde moitié du siècle apparaissent les bonnetiers.

En 1645 et 1654, Pierre Bellehache, maître fondeur de lettres d'imprimerie à Troyes, fait des apprentis. Vers la même époque, Pierre Balduc, maître imprimeur et marchand chandelier, engage des jeunes gens pour leur apprendre ces deux professions à la fois.

---

[1] En 1654, il y eut une quantité anormale d'apprentis imprimeurs.

[2] Nous avons trouvé, à Saint-Mards-en-Othe, de nombreux apprentis « tixiers de toiles ». Ils étaient généralement placés pour deux ans, payaient 20 liv. pour leur nourriture et entretien, et devaient 15 livres en cas de fuite. (Arch. de l'Aube.)

En 1664, deux adolescents sont mis chez des chapeliers : l'un à Arcis-sur-Aube (chez Nicolas Emery), l'autre à Chaource (chez Pierre Hachette). En 1667, J.-B. Tetel est loué à Pierre de la Bosselière, « tixetier rubanier, ouvrier en or, argent et soie ». En 1689, Jean Nérat est placé chez Paul Cornet, « m⁰ menuisier sculteur ».

En 1677, François Gervaise, écuyer, seigneur de Charpentraye, demeurant à Saint-Mihiel, loue en apprentissage François de Vassan, écuyer, sieur de la Neufville, à Nicolas Seve, pour apprendre « l'art de peinture ». Il paie 100 livres pour trois ans.

Jean Debereville, en 1619, est loué à Jacques Le Bé, maître teinturier-bougranier et organiste, pour apprendre à jouer des orgues et à chanter sa partie en musique. L'enfant devra, en retour, servir son maître « en toutes œuvres licites et raisonnables ».

Un autre curieux engagement est encore consenti, le 24 décembre 1659, entre « honorables hommes Louis Garnier, lieutenant de Guillaume du Manoir, premier violon de Sa Majesté, roy et maistre de tous les joueurs d'instruments du royaulme, et Estienne Champagne, maistre joueur d'instrument, demeurant à Troyes, d'une part », avec Nicolas Villain. Les instrumentistes cités plus haut s'engagent à fournir à ce dernier une lettre de maître joueur d'instrument, de le faire recevoir dans leur communauté, dans le délai d'un mois, en payant pour lui les droits dus à cette occasion ; ils promettent, de plus, de lui montrer ou faire montrer à « sonner la basse et la musique » et de le faire entrer au contrat qui sera fait entre eux et les autres membres de la communauté, quand il sera capable d'en partager les gains. De son côté, l'aspirant musicien consent à payer à ses maîtres, sur ses premiers gains, la somme de 235 livres. Un acte du 31 décembre suivant nous montre que Nicolas Villain était admis dans une association formée par une quinzaine de joueurs pour « sonner des instruments l'un avec l'autre, tant aux festins, fiansailles, espouzailles, ballets, entrées de seigneurs ».

Mais une clause indique que le nouveau confrère ne touchera « aucuns profits » avant un an.

En 1685, Gabriel Niort, maître menuisier, promet de montrer à « tourner et monter des armes et dessaincs », comme il fait lui-même. Claude Reuville, apprenti de Jacques Clément, peintre vitrier (1685), apprendra « mesme à peindre sur le verre ».

Certaines professions donnent lieu à des restrictions ou à des conventions spéciales. Par exemple, dans les contrats de passementiers et ouvriers en soie, il est dit généralement que l'apprenti ne sera pas montré à « ordir la soie »; d'autres fois, au contraire, l'acte indique que les œuvres qui dépendent dudit métier sont « le cartonnage......, lourdisage, satin d'Holande et methier de lachine » (sic). — Simon Vivien, marchand batteur d'or, mettant en apprentissage son fils Simon, âgé de seize ans, chez Louis Mayond, maître fondeur, consent à ce que l'enfant suive son maître dans toutes les villes où celui-ci ira travailler.

Les bouchers ne faisaient pas d'apprentis, comme nous l'apprend un *Mémoire* adressé par leur communauté à M. le Prévôt de Troyes, en 1691 : « ... Il n'y a point d'aprentif à ladite communauté, attandu que l'on n'y reçoit que les filz de maistres, dont le travail qu'ils font soubz leurs pères passe pour aprantissage ».

Henri IV leur avait accordé ce privilège par lettres patentes de 1597; ils se targuaient, en 1767, qu'aucun étranger n'avait été admis parmi eux depuis cette époque, et dix ans plus tard, cette prétention faisait le sujet d'une correspondance administrative entre le ministre Necker et le subdélégué Paillot [1].

A signaler encore l'acte résumé ci-après, intéressant à plus d'un titre :

27 mars 1683. — Jacques Masson, âgé de dix-huit ans, fils du feu Jean, maître menuisier à Troyes, et de Marie Pelletin,

---

[1] Arch. de l'Aube, E. 1151 et 1153.

sa veuve, émancipé, reconnaît que « pour son utilité et afin de parvenir à se rendre capable au travail qu'il a commencé à exercer », il promet à son frère Claude Masson, maître sculpteur à Paris, aux fossés de l'Estrapade, paroisse Saint-Jacques-du-Haut-Pas, de le servir à l'art de sculpteur jusqu'à l'âge de vingt-deux ans. Il sera logé, couché, etc.; comme paiement, il abandonne à son frère ce qui pourrait lui revenir de la succession de leur père, à condition que Claude l'acquittera des dettes éventuelles de ladite succession.

Les filles sont couturières ou lingères, pour apprendre « à coudre à linge et empeser », le plus souvent pour une année, ce qui nous porte à croire que l'on n'avait généralement en vue que de les rendre aptes aux travaux de leur futur ménage. Une lingère fut cependant louée pour quatre ans.

Demoiselle Marie de Boutigny, âgée de quinze ans, émancipée par justice, demeurant à Romaines, assistée de Jean de Boutigny, son frère, écuyer, sieur dudit Romaines en partie, se loue pour deux ans chez une lingère, qui lui montrera « mesme à faire de la dentelle aux fuseaux ».

Une fillette est placée chez Edmée Fuzon, fileuse de laine et coton. Elle y sera logée, nourrie, etc., et recevra, à la fin de sa deuxième et de sa troisième année, une chemise, une collerette et une cornette à son usage. Une autre est cardeuse de laines. Une autre apprend à faire la dentelle point de Paris et le passement.

D'autres encore sont louées à des « maîtres tailleurs pour femmes ».

**

La plus longue durée d'apprentissage que nous ayons rencontrée est d'environ dix ans; elle concerne un gamin loué à l'âge de huit ou neuf ans, pour jusqu'à dix-huit, à un marchand bonnetier. Un apprenti chapelier et un apprenti boulanger sont engagés à neuf ans pour jusqu'à ce qu'ils en aient atteint également dix-huit. — Nicolas Rigolley est placé pour huit ans chez Edme Rondot, orfèvre; Me Mathieu Jacquin, curé de Saint-Jacques-aux-Nonnains, grand-oncle de l'enfant, se porte garant et responsable de sa fidélité; il promet de l'entretenir durant les trois premières années. Nicolas Blanchard est placé aussi pour huit ans chez Bonaventure Faictot, maître cartier. Denis Guillaume est placé pour sept ans chez Valentin Sémillard, peintre. — Un tisserand, un imprimeur-libraire sont engagés pour six ans.

La durée commune est de trois ou quatre ans. C'est celle adoptée par la généralité des imprimeurs, suivant les règlements qui les régissaient.

L'âge des apprentis varie de huit à vingt-six ans; passé ce dernier âge, où ils deviennent majeurs, selon la loi ancienne, ils s'engagent sous leur propre responsabilité. La moitié au moins ont plus de seize ans. Ce retard n'étonne pas pour les imprimeurs et libraires, tenus de connaître le latin et de savoir lire le grec; mais nous nous demandons, en pensant aux autres, ce que pouvaient bien faire, avant d'être mis en apprentissage, des jeunes gens de dix-huit ans, vingt ans ou plus, que les années de collège ne retardaient certainement pas dans le choix d'une carrière.

Les contrats sont quelquefois passés alors que l'apprentissage est commencé depuis plusieurs mois; le souci de cette période d'essai se retrouve dans un acte aux termes duquel un apprenti savetier est autorisé à partir au bout de six mois, s'il le veut, en payant 5 livres « pour toute chose ». L'engagement d'un jeune teinturier stipule que celui-ci pourra quitter le service s'il ne s'y trouve pas bien. Une mère conserve la faculté de retirer son fils du service, en indemnisant le maître au prorata du temps passé chez lui.

Par contre, un maître tisserand se réserve de mettre dehors son apprenti s'il ne trouve pas son service agréable, en lui délaissant tous les objets à son usage et en lui payant 12 livres.

★ ★ ★

Les conditions des contrats sont variées à l'infini ; étant données la diversité des situations, des professions, et la durée des engagements, il n'est guère possible de comparer entre elles les sommes stipulées.

Par exemple, certains maîtres ne veulent recevoir aucune indemnité, à cause de « la bonne amitié » qu'ils portent à l'apprenti ou à sa famille.

Les tisserands n'exigent aucune rétribution, ou peu de chose, de leurs apprentis.

Les plus fortes sommes, 250 à 350 livres, sont payées pour les jeunes gens placés chez des marchands[1]. En 1634, un chirurgien demande 225 livres à son élève ; mais le taux habituel de ceux-ci est 200 livres, somme également versée pour un droguier, pour un apothicaire, pour un peintre-vitrier de vingt ans qui a droit à une pinte de vin par jour. — Il est exigé 150 livres par un barbier, par un cuisinier, par un marchand pourpointier. — Les couturières, les imprimeurs[2], les lingères vont jusqu'à 120 livres. Un marchand et maître bossetier demande la même somme, mais il est stipulé qu'il devra montrer et enseigner à la fois le commerce dont il se mêle et l'état qu'il exerce. Un cordonnier, qui fournit les outils nécessaires à son apprenti, en reçoit 120 livres pour deux ans. Semblable rétribution est enfin demandée pour Nicolas Noel, fils de Pierre, orfèvre, placé chez Jean Noel, également orfèvre, ainsi que pour un apprenti du chapelier de Chaource déjà nommé, lequel devra montrer à lire et à écrire à son apprenti, lui laisser à la fin les habits, linges et autres objets à son usage, et lui donner de plus un habit neuf.

Les prix les plus communs rayonnent autour de 75 livres.

---

[1] Arch. de l'Aube, E. 1116.
[2] Une sentence du procureur du roi, du 9 août 1644, acceptée comme règle par l'assemblée des imprimeurs et libraires du 10 décembre 1659 et rapportée dans un jugement du 23 décembre suivant, avait décidé que les apprentis demeureraient dans la maison de leur maître pour y être logés, nourris, etc. Il est même ajouté, dans la délibération corporative, basée sur les Statuts et Règlements, que les apprentis ne seraient tenus de donner « aulcun argent ». Cette dernière clause, on le voit, ne fut pas toujours respectée.

Notons qu'en principe la redevance n'est pas destinée à payer au maître la divulgation des secrets professionnels à son apprenti, mais seulement à l'indemniser de la nourriture et de l'entretien auxquels il est astreint.

Quand même les contrats seraient muets à cet égard, on en trouverait la preuve dans ce fait que les apprentis qui ne sont ni logés, ni nourris, jouissent d'une rétribution assez élevée. De jeunes imprimeurs touchent de huit à dix sous par jour, selon qu'ils sont dans leur première, deuxième ou troisième année d'apprentissage. Le salaire des apprentis descend jusqu'à cinq sous, tandis que celui des compagnons, à la même époque, n'est pas supérieur à douze sous.

Un apprenti chirurgien de Saint-Mards-en-Othe, en 1663, est autorisé à s'approprier les émoluments qui lui seront donnés par les malades qu'il pourra être appelé à soigner, à condition qu'ils ne dépassent pas cinq à six livres; il fournira les drogues.

Un aspirant maçon, en 1709, est tenu d'aller tous les jours chez son maître, pour travailler avec lui en ville ou ailleurs; il recevra sept sous la première année, huit la deuxième, et neuf la troisième; il ne pourra prétendre à dîner ni à goûter, hormis quand les bourgeois chez lesquels il travaillera l'offriront; il restera chez lui et ne sera pas payé quand il n'y aura pas d'ouvrage. Par exception, il est indiqué que la paie aura lieu chaque jour; d'après la majeure partie des actes, elle était faite chaque semaine, le samedi ou le dimanche.

Les paiements en nature sont fréquents; ils consistent en « une feuillette de vin creu du pais », en un muid de vin de Torvilliers ou de Montgueux, ou encore en une feuillette de vin des Riceys, dont le destinataire paiera seulement l'entrée et les droits (dans ce dernier acte, le père de l'enfant est cautionné par Simon de Barry, potier d'étain à Troyes). Des parents s'acquittent par la remise d'un certain nombre de boisseaux de seigle ou d'avoine; la mère d'un apprenti boulanger donne au maître de son fils la jouissance gratuite du logement qu'il occupe, comprenant une chambre haute, grenier, antichambre, four et écurie ; des maîtres touchent le revenu des biens échus à leurs apprentis par la succession de leurs parents ; un autre reçoit deux pièces de vigne en paiement d'une somme de 120 livres ; enfin, un maître coutelier trouve, dans un contrat d'apprentissage, l'occasion d'anéantir une obligation autrefois souscrite par sa femme.

Les sommes stipulées sont généralement payables en partie comptant, et le reste en un ou deux termes. Il est rare qu'elles soient payées entièrement comptant ou à la fin de l'engagement. Dans ce dernier cas, l'apprenti libéré a souvent la faculté de les acquitter en travail. On en trouve de payables à la volonté des parents.

Ceux-ci sont parfois exonérés du dernier paiement si leur enfant achève convenablement son apprentissage.

Dans certains cas, l'apprenti reçoit même une légère rémunération vers la fin de son engagement. Le maître d'un jeune passementier et ouvrier en soie promet de lui payer, la quatrième année, la moitié de tous les ouvrages qu'il fera.

**

Des maîtres s'engagent quelquefois à instruire ou à faire instruire leurs apprentis illettrés. Une couturière promet d'« enseigner autant qu'elle pourra à lire et à écrire » à la fille d'un boulanger. D'autres enfants sont envoyés deux heures par jour à l'école, aux frais de leurs parents.

Les maîtres n'entendent pas subir les conséquences de l'inconduite de leurs apprentis[1]. Dans le contrat passé pour Nicolas Le Grin, fils de feu Pierre le Grin, boucher, et de Claude Camusat, sa veuve, celle-ci répond « de tous les torts que son fils pourra faire dans la maison dudit Oudot, lequel

---

[1] Par contre, au dix-huitième siècle, ils s'engagent quelquefois à les traiter « doucement et humainement », ce qui n'était pas une convention puérile, si l'on en juge par les violences reprochées à certain imprimeur troyen en 1683 et par les plaintes exprimées dans La Misère des apprentis imprimeurs.

2

en sera creu sur son simple serment »[1]. Dans un autre acte, Herluison, maître tisserand, déclare qu'il ne sera tenu ni responsable des méfaits que son apprenti pourra commettre. Un autre stipule qu'au cas où son apprenti « s'en alle bingné ou fasse quelque dégat en quelque jardin ou aultre, il n'en sera responsable d'aulcune chose ».

Il est interdit aux parents de retirer chez eux leurs enfants en rupture de contrat; ils doivent, au contraire, les faire retourner dans le plus bref délai chez leur maître. Quand l'apprenti a manqué pendant quelque temps à son travail, il est ordinairement tenu d'en faire en surplus à la fin de son engagement. Plusieurs contrats stipulent une amende de 5 à 30 livres, payable par les parents à chaque « fuitte » ou « faulte » de leur enfant, et « incontinent après laditte fuitte »[2].

Un apprenti penelier[3], en 1669, se réserve vingt jours par an pour faire valoir ses héritages en temps convenable.

* * *

Comme on a pu le voir déjà, les apprentis sont presque toujours logés, nourris, couchés, chauffés et blanchis par leur maître. Quelques-uns, les filles principalement, ont la faculté d'aller manger chez leurs parents les dimanches et fêtes solennelles, à moins, est-il dit parfois, qu'on ait besoin de leurs services ces jours-là.

Il est aussi convenu que, si les parents viennent à mourir pendant le cours du contrat, le maître devra nourrir l'enfant

---

[1] Le sieur Oudot, dont il est ici question, est Nicolas Oudot, marchand libraire à Paris, représenté par Nicolas Oudot, son père, marchand imprimeur et libraire à Troyes.

[2] Un acte de 1731 porte 75 livres de dommages et intérêts pour le même méfait. Le contrat d'un apprenti imprimeur-libraire, passé en 1720, est plus sévère encore : le temps passé hors de la maison du maître sera doublé à la fin; en cas de récidive, le jeune homme devra renoncer auxdits art et négoce, sans pouvoir s'en servir par la suite.

[3] Penelier, vannier (Fr. Godefroy, *Dict. de l'ancienne langue française*).

même les dimanches et l'entretenir de toutes choses, quoique cette charge ne lui incombât pas tout d'abord.

Quand l'apprenti ne loge pas chez le maître, il doit s'y rendre tous les jours ouvrables, « aux heures acoustumées ». Ces heures étaient, pour les compagnons, de cinq heures du matin à sept et huit heures du soir.

Le décès du maître entraîne souvent la nullité de l'acte; d'autres fois, ce dernier contient par avance l'acceptation, par un parent du maître, d'exécuter au lieu et place de celui-ci les conditions du contrat.

Certains engagements portent que le maître devra soigner son apprenti « tant en santé qu'en maladie », pourvu que celle-ci n'excède pas une durée variant de deux à six semaines [1].

L'entretien en habits est laissé tantôt aux soins du maître, tantôt à ceux des parents. Ceux-ci sont généralement tenus d'habiller « honnestement » leur enfant à son entrée chez le maître, qui, de son côté, s'engage à fournir les habits de travail. Un tanneur, par exemple, donne « des bas, guestres, sabots et tabliers servans à travailler ».

On ne saurait rapporter ici les multiples conventions relatives à l'habillement, à la chaussure, à la coiffure des jeunes artisans; disons seulement que les maîtres s'engagent très souvent à leur fournir, à la fin de leur apprentissage, un habillement neuf; par exemple, « un habit de droguet honneste, sçavoir un justaucorps et un hault de chose » [2].

---

[1] Dans un contrat de 1772, des parents permettent que leur enfant soit soigné à l'Hôtel-Dieu, en cas de maladie sérieuse et de durée.

[2] Il pourra être intéressant de résumer ici, comme comparaison, les conditions d'un acte du 20 juin 1790, par lequel une fillette est placée pour quatre ans chez Nicolas Parâtre, maître tisserand, pour y travailler « en tout ce qui concerne les travaux préparatoires de la tixeranderie, suivant que son âge et son sexe le permettront, à la charge par ledit sieur Parâtre de l'envoyer aux instructions chrétiennes, de la loger, nourrir et blanchir, de la traiter humainement et en bon père de famille, et en outre de lui payer annuellement la somme de douze livres en effets mobiliers à son usage et pour son entretien ». L'acte stipule aussi 24 livres de dommages et intérêts en cas de fuite. — Chose remarquable, c'est seulement aux approches de la Révolution qu'il est question de l'observation des devoirs religieux par les apprentis, qui se réservent alors fréquemment la faculté d'assister au service divin et d'aller au catéchisme.

De nombreux contrats sont déclarés nuls, du consentement des parties, au bout d'un temps plus ou moins long, par une addition à l'acte. Nous avons trouvé une seule fois la raison de cette déclaration : elle résultait de l'aliénation d'esprit de la jeune fille qui en était l'objet.

Le mariage de l'apprenti est parfois indiqué comme devant entraîner la nullité de son engagement. On sait qu'il était interdit aux maîtres d'avoir des apprentis mariés ; les règlements spéciaux des imprimeurs, entre autres, l'indiquent formellement.

En cas de nullité, le maître rembourse l'argent qu'il a déjà reçu, au prorata du temps passé à son foyer par l'enfant.

Parfois, la justice est obligée d'intervenir : un contrat est déclaré nul par sentence de la prévôté. L'acte ne mentionne pas les causes du différend.

Le contrat d'une enfant, sans doute maladive, indique que son père devra la reprendre si elle est malade plus de quinze jours la première année ; et aussi que, si elle meurt avant ses trois ans, la maîtresse rendra l'argent qu'elle aura reçu en trop. La même clause existe pour une autre jeune fille, dans le cas où elle ne pourrait rester au service.

A noter encore une fillette de Saint-Mards, placée pour apprendre le métier de couturière, « si à elle ne tient et qu'elle le puisse comprendre ».

Les contrats de louage sont souvent suivis de reçus mentionnant les paiements partiels de la somme convenue ; puis, une quittance générale sert à la fois de décharge mutuelle et de certificat de bons services. Ce certificat, reproduit sans doute isolément ou sur une grosse de l'acte délivrée à l'apprenti libéré, devait lui servir à se présenter chez d'autres maîtres en qualité de compagnon. Quelquefois même il le déclare apte à recevoir la maîtrise. — La première période de la vie laborieuse de l'enfant est terminée ; demain, il sera un homme.

Nous ne nous attarderons pas davantage à l'analyse des documents résumés dans les pages qui précèdent, de crainte d'allonger outre mesure la présente étude et de lui donner une importance hors de rapport avec le sujet restreint qui en forme le fond.

Ajoutons seulement, pour ne laisser aucun regret au lecteur, que les contrats du dix-huitième siècle qu'il nous a été donné de voir sont beaucoup moins intéressants que ceux du dix-septième, dont ils diffèrent peu sous le rapport des conditions.

Troyes, le 19 Octobre 1893.

www.ingramcontent.com/pod-product-compliance
Lightning Source LLC
Chambersburg PA
CBHW060455050426
42451CB00014B/3330